Eric Fadzi KPODZRO

Faire le point

Eric Fadzi Kpodzro

Faire le point

© 2019 Eric Fadzi Kpodzro

Éditeur : BoD-Books on Demand
12-14 rond-point des Champs-Élysées, 75008 Paris
Impression : Books on Demand, Norderstedt, Allemagne

Illustration : XXX

ISBN : 978-2-3221-146611
Dépôt légal : août 2019

Vivre à deux

Deux êtres, deux histoires,

Deux têtes, deux cerveaux, deux compréhensions,

Deux approches soit complémentaires, soit opposées,

Vivre à deux exige la prise en considération

De ces multiples paramètres sans lesquels,

Cette aventure appelée vie de couple

Restera à jamais inachevée ou vouée à l'échec.

Deux êtres, deux histoires,

Rencontre de deux entités uniques

Qui décident volontairement ou involontairement

De faire un pas ensemble,

Avec pour but de créer quelque chose.

Volonté de franchir le pas certes,

Courage de persévérer quoi qu'il arrive

Parfois au détriment de sa liberté.

Hélas, le couple bat des ailes,

Criant sans cesse à l'aide,

Le couple est essoufflé de nos jours,

Et cherche à l'horizon d'où lui viendra le secours.

Vivre à deux est possible encore,

Si chaque composant sait ce qu'il veut,

Si le respect et l'amour restent le socle commun.

Vivre à deux reste un chantier,

Où chacun vient se parfaire,

Avec beaucoup d'effort, il en sort quelque chose de parfait,

A la fin, la joie inonde la demeure.

Stabilité

A première vue, il n'y a aucune limite,

Nous cheminons paisiblement,

La tête remplie de bons souvenirs,

Quand, subrepticement, jaillit de nos vies,

Problèmes et soucis de toutes sortes.

D'un coup, la stabilité difficilement installée nous échappe,

Levant la tête, devenant aussi lourdes,

Nous voyons s'éloigner de nos mains,

Ce que nous avons, contre vents violents construit.

La stabilité s'en est allée.

Laissant chaque humain sans voix.

Est stable, ce que nous entretenons à chaque instant,

Faisant tout ce qui est en notre pouvoir,

Pour la paix et la joie de tous.

Qui que tu sois

Chaque jour qui passe,

Est la somme des choses accomplies

Par tout humain qui dispose du souffle de vie.

Chaque jour qui passe,

Laisse sur nous quantité de traces.

Cette réalité, je l'ai saisie,

Elle fait désormais partie intégrante de moi.

Les jours se succèdent,

Et, irrémédiablement nous acheminons

Vers une fin probable.

J'adopte volontairement une attitude guerrière,

Celle qui est en mesure de faire face

A toutes les éventualités.

Qui que tu sois,

Même si aucune personne ne t'aperçoit,

Je t'ordonne de rester à ta place.

Laisse-moi remplir ce qui est ma mission,

Qui que tu sois,

Tu es prié de passer ton chemin,

Et de nous laisser vivre notre heure.

Le pouvoir de dire non

Si je ne m'écoute pas,

Les évènements de la vie me culbutent,

Si je ne m'écoute pas,

Je me laisse mener sans moi, ou malgré moi.

Vivre en ayant aucun sens de la réalité,

Vivre sans jamais se poser de questions,

Sur la vie que l'on mène,

C'est vivre à côté de soi-même.

Si j'oublie que j'ai au fond de moi,

Le pouvoir de dire non,

Si l'idée d'être un homme libre

Ne m'a jamais effleuré l'esprit,

Alors, mon existence m'échappe.

Je suis moi-même,

Ma vie a du sens,

Que tu le veuilles ou non,

En moi, se trouve une piscine

Remplit du pouvoir de dire non,

Signe de mon libre arbitre.

Tel que je suis

Chaque être humain est unique,

L'un ne saurait être comme l'autre,

Tu es tel que tu es,

Pourquoi chercher à te changer en un autre ?

Je suis tel que je suis,

Telle est ma particularité.

Comment veux-tu de moi une autre personne ?

On ne saurait exiger de quiconque,

Qu'il cesse d'être pour ressembler à autrui,

Le faire, c'est nier l'essence de son être,

C'est lui refuser toute sa singularité.

Tel que je suis, j'apparais,

Tel que je suis, j'avance avec mes hauts et mes bas,

C'est ce qui fait de moi cet être unique.

Mon caractère unique vient de ma singularité,

Que tu tiens à tout prix à étouffer.

Reste à l'écart de mon cercle,

Tel que je suis, j'apparais,

Et avance vaillamment, que tu le veuilles ou non.

Je peux tout faire

Tout ce que l'esprit conçoit,

Est susceptible de se réaliser,

Si mon esprit est en mesure

De passer mon imagination

Au-delà de toutes frontières,

Alors je peux tout réaliser.

Je suis capable de tout faire

A condition que je me donne les moyens

Pour mener à bout mon projet.

Mes propres limites

Les limites devant moi érigées,

Toutes devenant pour moi difficiles à surmonter,

Ne sont rien d'autres que celles

Que je me fixe à moi-même.

Les limites devant moi érigées,

Surgissent des profondeurs de ma vie,

Et font obstacle à toute avancée.

Ce que j'appelle limite, dis-je,

Est cet ensemble d'idées fausses

Qui constituent ma structure.

Difficile de le mettre à plat

Afin de reprogrammer mon squelette,

Une ossature qui nécessite de nouvelles bases

Sans lesquelles, mes limites deviennent paralysantes à vie,

Et me poussent à ne voir que l'impossible.

Les limites qui existent,

Sont celles que j'érige moi-même,

Moi seul peut les défaire.

Vise haut

Pourquoi se contenter de la médiocrité

Alors que je peux viser l'excellence ?

Pourquoi dois-je attendre que les choses se fassent

Alors que je peux impulser une action

Aussi petite soit-elle ?

Vivre, c'est escalader des murs,

Libre à nous de le vouloir ou pas.

Vise haut et fais ce que tu dois faire,

Le reste s'en suivra,

Aie confiance.

Je progresse et j'avance

Chaque jour qui passe,

Est un cadeau qui m'est offert.

Chaque jour qui passe,

Me rapproche de mon idéal.

Aussi dure que soit ma réalité,

Chaque jour, je progresse et j'avance.

Aussi pénible que puisse être le sort,

Chaque jour, je progresse et j'avance.

Rien ne m'arrêtera,

Tant que j'ai le souffle,

Je tomberai peut-être,

Mais je me relèverai et me remettrai en route,

Le cap sur l'horizon.

Chaque jour qui passe,

Est un cadeau qui m'est offert,

Je décide de le chérir,

Et d'en faire quelque chose de merveilleux.

Je t'ai démasqué

Tu as cherché à me berner,

Et tu as presque réussi.

Non loin de gagner le pari,

J'ai failli tomber dans ton jeu,

Et me laisser pour de bon abuser par toi,

Mais très vite, je t'ai démasqué,

Ton masque pernicieux,

Fut percé à jour.

Tu as cherché à me berner,

Et tu as presque réussi,

Mais par un coup de chance,

Rapidement, ta vraie nature a été dévoilée.

Haro sur ta mesquinerie,

Plus jamais, tu m'auras.

N'ai pas peur !

Il pensait avoir dépasser cette tendance,

Pieds et mains liés, il s'est fait prendre par la cadence.

Il croyait que cette situation était derrière lui

Le voilà à nouveau confronté à cela,

Démuni, il baisse la tête,

Se braquant et se raidissant,

Son esprit totalement accaparé

Par les soucis d'homme.

C'est alors qu'une voix lui dit :

N'aie pas peur, aie confiance !

Il sursaute, il se retourne,

Mais personne n'était à l'horizon

La voix se fait plus insistante :

N'aie pas peur ! aie confiance.

Il se rassoit, regarde à gauche et à droite,

Mais personne ne pointe son nez.

Il comprit que la voix était celle de son ange,

Rassuré, il se promit d'aller de l'avant,

Et de ne plus laisser de place à la peur.

Ma passion

Quand je suis saisi par elle,

Plus rien ne compte autour de moi.

Quand je mords à son hameçon,

Plus rien ne me détourne de mon but.

Ma passion est une partie de moi,

Elle fait résonner tout mon être,

Et me fait atteindre la stratosphère.

Tout mon être tressaille,

Chaque partie de mon corps exalte,

Et, oublie parfois la notion de temps.

Trouver sa passion et la vivre

Reste la première mission à laquelle,

Il faudrait s'y atteler.

Le veux-tu vraiment

Vivant au gré du vent,

N'ayant aucun contrôle de son existence,

Telle une feuille morte, il erre çà et là,

Se laissant brimbaler

Dénué de toutes notions de but.

Il vit sa vie, dans une totale insouciance,

On l'entend dire au fil des jours :

J'aimerai faire ceci, j'aurai voulu que …

Loin de lui toute idée de décision,

Ignorant ce qu'on appelle action.

Déambulant dans la rue, il croise un ami,

Ce dernier lui demande : *que veux-tu ?*

Le bonheur, je veux vivre libre et heureux, répondit-il.

Le veux-tu vraiment ? réplique l'ami.

Un silence pesant prit place.

L'ami continue plus amplement :

Pauvre homme, tant que ta détermination est faible,

Aussi longtemps que tu seras indécis,

Terne sera ta vie,

Sombre demeurera ton horizon,

Alors, tu sais ce qui te reste à faire.

Tête basse, notre homme poursuit son chemin.

Je choisis mes amis

Les influences sont multiples,

Elles nous éloignent de notre trajectoire.

Sans cesse, nous sommes happés,

Et de notre être décentrés,

Notre monde ne nous offre que ces exemples.

Au fond de ma demeure,

Je lève la tête et observe,

Pas de répit quant aux sollicitations,

Venant de partout,

Me poussant à l'oubli

Et du désir de revenir à moi.

D'un geste anodin, je me rends compte

Que je ne m'appartiens plus.

Les influences sont multiples,

Et me mènent sans moi.

Résolue à trouver la solution,

Je décide de bien choisir mes amis,

Des toxiques qui, malgré eux me freinent,

Je prends l'ultime décision,

De m'en éloigner,

Pour ne m'entourer que des personnes

Aux ondes positives.

Je t'y encourage.

Que cherches-tu ?

Chercher à savoir le but de ma vie,

Trouver à tout prix ma mission de vie,

Telle est désormais ma résolution.

Si je ne sais pas le but de mon existence,

Longtemps, je m'égarerai.

De ce chemin, je m'éloigne

Et opte pour un autre, plus sûr.

Quand le ciel est clair,

La terre est visible,

En clarifiant mes objectifs,

Plus aisé sera le choix à faire.

Clarifier mes objectifs,

Pour mieux avancer en cette vie,

Telle est la première action à poser.

Destination

Où te rends-tu, ami ?

Quelle est ta destination ?

Si à l'heure où nous parlons,

Tu n'as pas encore une idée claire,

De ce qu'est ta destination,

Sache au moins une chose : tu es perdu.

Beaucoup sont ceux qui cherchent

Bon gré mal gré à te nuire.

Beaucoup sont ces étoiles filantes,

A peine visibles à nos yeux bien encombrés.

Destination, essaie de clarifier au mieux la tienne,

Si tu sais où tu vas, au moins

Tu seras vainqueur, plus tard.

Tout vient de l'intérieur

Le cœur est un inestimable trésor,

De là vient tout ce dont chaque être a besoin

Pour mener une existence libre et heureuse.

Tout vient de l'intérieur,

Inutile de chercher ailleurs.

Le cœur regorge d'infinies richesses,

En mesure de rendre agréable toute vie.

Malgré cela, nous passons à côté,

De ce qui constitue notre équilibre.

A chaque fois que je tourne le dos,

A ce qui est le socle de mon être,

Instantanément, je m'éloigne,

De ce qui me fait être.

Tout vient de l'intérieur,

Et fait de moi un homme équilibré.

J'ouvre mon cœur

De temps en temps,

Quand je me trouve dans le chaos,

Sans délai, mon cœur se ferme,

Et s'oppose à toute chose,

Venant de l'extérieur et m'infligeant

Une dure défaite.

Je n'ai pas d'autre choix,

Que d'ouvrir mon cœur,

Et voir autrement tout ce qui m'entoure.

Ouvrir son cœur, est synonyme d'acceptation

De sa propre vie et de celle des autres.

J'ouvre mon cœur,

Car toute chose y trouve sa place.

La paix de l'âme

Quand tout s'ébranle autour de moi,
Quand rien ne va pour ainsi dire,
Où trouver la paix ?
Cette paix n'est nulle part ailleurs,
Elle est au fond de soi,
La faire rejaillir au mieux de nos capacités,
C'est vivre cette aventure humaine,
Appelée « VIE », riche et pleine.

Qui est ton ennemi ?

Une fois la mission de vie trouvée

Et un bon plan élaboré

Qu'est-ce qui t'empêche de réaliser

Ce qui te tient le plus à cœur ?

Une fois ta mission de vie trouvée

Et l'action nécessaire entamée

Si d'aventure tu ne fais pas attention,

A la tendance qui consiste

A remettre tout au lendemain

Alors d'office, tu échoueras.

Si d'aventure tu n'as pas de discipline,

Et ne suis aucune routine

Alors ne t'étonne guère,

Que tu n'avances pas vers tes rêves.

Le seul ennemi qui puisse exister,

C'est toi-même,

Et ton manque de volonté.

Alors cherche en toi, trouve ce qui est à corriger,

Et drastiquement, fais ce qui est à faire.

La solution est là

Quel que soit le problème rencontré,

En cherchant bien au fond de soi,

On trouve toujours la solution.

Quel que soit le problème

Devant soi érigé,

La solution est là.

Non, elle n'est jamais éloignée de nous.

Cœur invaincu et léger,

Tout plein d'élan et d'enthousiasme,

La solution tant recherchée,

Finit par se laisser trouver,

Procurant joie et plénitude.

Elle n'est pas éloignée de nous,

Inutile de la vouloir palper,

En dehors de soi-même.

Et pourtant, que de temps perdu

A la poursuite d'un quelconque épouvantail,

Dont l'unique but est de nous éloigner de nous-mêmes,

La solution est là et attend de se dévoiler à toi.

Les encombrants

Ils existent partout,

Et nous voilent le visage,

Ils existent partout

Et obstruent notre chemin.

Saurons-nous les démasquer ?

Ils sont solidement établis,

Et, continuellement, ils nous affaiblissent.

Se nourrissant de notre énergie vitale,

Nous dépossédant de notre vitalité

Les encombrants existent,

A l'intérieur de nous,

Nous déstabilisant et nous éloignant de nous-mêmes.

Avec courage et force,

Nous avançons et marchons

Sur eux, quoi qu'il arrive.

Sache ami,

Que pour se défaire des encombrants

Il en faut de la force.

Mes pensées constantes

Elles vont et elles viennent

Me traversant de mille façons,

Elles vont et elles viennent

S'imposant à moi sans ménage.

A chaque instant

Une pensée pénètre l'univers

Et s'y manifeste de multiples manières.

Par moment à moi, elles s'imposent

Me créant trouble et anxiété.

A partir d'aujourd'hui,

Mes pensées deviennent

Un outil que j'utilise à ma guise,

Faisant jaillir de choses nouvelles.

A partir d'aujourd'hui,

De mes pensées, j'en fais un trésor

Qui ailleurs me propulsera.

Que mes pensées constantes,

Soient les plus optimistes et positives,

Car je deviens ce que je pense

A longueur de journée.

Ligne de conduite

Comme la lune se reflète sur l'eau calme,

Comme le miroir reflète l'image d'un objet,

La vie est semblable

A un grand théâtre.

Une actrice experte,

Qui, pour arriver à son niveau

De professionnalisme

Dispose de ligne de conduite,

Toi du moins

Trouve ta ligne de conduite

Et après l'avoir trouvée

Sois-lui fidèle,

Tout comme l'aimant attire le fer,

Une vie de discipline et d'effort aboutie au rayonnement,

Essaie d'être heureux

Avant l'heure

Elle arrive trop tôt

Je n'ai pas eu le temps

Nécessaire de me préparer.

Elle arrive trop tôt,

Pour que je le réalise.

Ce n'est qu'un avant-goût,

Aussi amère soit-il

Je l'accepte sans broncher

Elle arrive trop tôt,

Et j'ai failli être anéanti,

Mais ce n'est qu'une histoire ancienne,

J'espère avoir tiré une bonne leçon,

Socle nécessaire à toute grande avancée.

Elle est arrivée trop tôt,

Et heureusement pour moi,

J'ai encore de la force juvénile,

La traversée ne sera pas pénible

De l'excellence

Je tourne résolument le dos
A toutes formes de médiocrité
Et j'opte pour de bon
A ne rechercher que l'excellence.
La vie est courte,
La vie est précieuse,
Pourquoi devrai-je uniquement
Ne nager que dans la médiocrité ?
Pourquoi ne pourrai-je pas
Rechercher l'excellence ?
Oui, tout est possible
Et dépend de mon choix.
Si j'opte pour la médiocrité
Ce sera mon choix,
Si j'opte pour l'excellence,
Ce sera aussi mon choix,

Chaque choix implique

Des conséquences qui lui sont propre

Alors, je prends le temps nécessaire,

Afin de faire le bon choix.

Pré-carré

Monsieur est très préoccupé,
Par ce qu'il appelle sa renommée.
Monsieur ne rêve que d'une chose
Être quelqu'un d'important.
Mais monsieur ignore,
Qu'avant de parvenir à un tel endroit,
Du travail et de la sueur il en faut.
Mais Monsieur ignore,
Qu'un tel désir implique rigueur
Ténacité et persévérance.
Monsieur ne rêve que d'une chose,
Être quelqu'un d'important
Et oublie son pré-carré
Gage de sa réussite.

Fuir la médiocrité

Il existe un type d'homme

Qui est la manifestation

De la médiocrité en personne.

Il est là pour te freiner dans ton élan,

Il est là comme un plomb dans ton aile,

Il est tapi en toi, et te fait croire que tu es incapable

Il est tapi en toi, et t'éloigne de ton objectif.

De la médiocrité, je m'éloigne,

Pour enfin me rapprocher de l'excellence.

Comme une comète

Sa présence est furtive
Courte est sa durée de vie.
A peine l'avons-nous connue
Qu'elle disparaît pour de bon.
Sa présence est furtive,
Nous l'avons à peine connue
La voilà, sur les nuées s'élever,
S'en allant loin de nous.
La comète tout comme l'étoile filante
A une courte durée de vie,
A peine nous nous y habituons,
La voilà qui se sauve.

Le prix à payer

Quand on veut quelque chose
Importante est l'action à mener,
Quand on veut quelque chose,
Il y a un prix à payer.
Une fois le but bien défini
Avec une dose de détermination,
Sans jamais se laisser abattre,
Le prix à payer est cette rigueur
Que l'on se fixe à soi
Car devant soi,
Il y a un objectif plus grand
Que la réalité actuelle.

Vision sublime

Mes pieds complètement embourbés
Ma perception totalement flouée,
J'avance en zig-zag, égaré.

 Mes pieds complètement embourbés,
Mon ciel explose et me fracasse,
Confus, je ne sais où aller.

Las, je m'évertue à lever très haut,
Ma tête qui, sur mon corps
Péniblement se maintient.
Non, je refuse de me laisser
Abattre sans rien faire.

J'ai une vision sublime,
De la vie et de mes rêves,
M'évertuant sans cesse de les chérir.

J'ai une vision sublime

De la vie qui m'attend.

Avec cette noble pensée à l'esprit,

Résolument, j'avance.

Nouvelles perspectives

Mon premier plan a échoué,

Quelle en était la cause ?

Je creuse dans ma cervelle,

Et découvre que les balises

N'étaient pas bien posées.

A nouveau, je me lance,

Mon deuxième plan tombe encore à l'eau,

Abattu, je m'effondre

Difficile est la remontée.

Je prends mon courage en main

Et, entame une troisième tentative.

A peine l'action enclenchée,

J'échoppe un gros caillou

Je manque de force pour continuer,

Je doute encore et encore,

J'essui une défaite cuisante.

Pourtant, je ne suis pas prêt à abandonner,

Je suis un guerrier de la lumière.

Faire surgir

Tout n'est qu'occasion,
Les aléas de la vie
Qui, a priori, nous déstabilisent,
Revêtent le plus souvent
Une signification fort différente.
Tout n'est qu'occasion,
Celle qui fait surgir
Du fond de notre être,
Le plus précieux des trésors.
Du creuset, ne peut sortir
Qu'un objet dont la brillance
Dépasse de mille lieux,
L'éclat d'une luciole.
Tout n'est qu'occasion,
Nous poussant à révéler notre vraie nature.
Les aléas de la vie,

A vrai dire, ne sont que des acteurs qui nous poussent,

A faire surgir de notre sein,

Ce qui en nous, a le plus de prix.

Dur comme fer

Comme un mur épais

Me bloquant le passage qui, jadis,

J'ai voulu emprunter.

Comme une chappe de plomb,

Partout me surplombant,

Je vais et je viens

Comme un épouvantail,

Cherchant à pure perte,

De quoi m'occuper.

Comme un mur épais,

En ces lieux fort infortunes,

J'avance malgré tout,

Elle est dure comme fer,

La réalité actuelle,

Mais solide est la carapace de mon endurance,

Je n'ai aucune crainte.

Elle est toute proche

Elle est toute proche,

Mon heure est enfin arrivée

Toutes les souffrances qui m'ont assaillies,

Les nombreuses peines me titillant,

Ne m'ébranlent pas outre mesure.

Elle est proche, mon heure,

C'est le moment de tenir bon,

Le moment de ne rien lâcher,

Résolument, je poursuis la marche,

Les yeux rivés sur l'objectif que je me suis fixé,

Sûr de remporter la victoire.

A tout prix

La vie est une lutte,
La vie est un défi,
Tumultes et angoisses,
Sont posées sur le chemin.
Mais ces tumultes et angoisses,
Deviennent des carburants,
Nous aidant à progresser.
Vouloir la victoire à tout prix,
Tout faire pour l'obtenir,
La désirer jusqu'à l'obsession,
Telle est la voix royale
A toute vie noble.

Quel est ton plan ?

La voie aérienne regorge de leçons de vie

L'univers entier est cet ensemble de pierres posées,

Formant un sol bloc.

Pour le comprendre et le sillonner,

Il importe de lever la tête

Afin de voir clair tout autour de soi.

Alors, quel est ton plan ?

Comment oseras-tu parcourir

Ce grand univers sans un plan précis ?

Avancer sans plan,

C'est être voué à la perdition,

Et progresser à contre-courant

Le risque est trop grand

Et je n'ai pas le temps.

Un trésor y est caché

Je creuse et je bêche,

Sûr de trouver sous terre,

L'objet de mon bonheur.

Je creuse et je bêche,

Et le chemin se fait aussi long.

Comme un pèlerin,

Je n'abdique point,

Convaincu que je suis près du but.

Avec détermination, j'avance encore et encore,

Sûr que sous mes pieds,

Gît le trésor inestimable.

Entrelacement

Laisser les choses s'enlacer,

Faire semblant d'ignorer

Les affaires courantes de la vie,

Pousse tôt ou tard

A tomber dans la confusion.

Tout devient sens dessus-dessous,

Et l'on se sent complètement perdu,

Tout devient sens dessus-dessous,

Et l'horizon qui, autrefois,

Avait couleur bleu ciel,

Devient subrepticement,

Grisâtre et dénué d'espoir.

Constante progression

Si je n'avance pas,
Je ne fais pas du surplace,
Pire que cela, je régresse.
La vie est en constante progression,
Refuser de l'admettre,
C'est sortir soi-même du circuit
Et se voir éjecter loin
De la piste de course.
Progresser chaque jour,
Est synonyme de développement.

Paradoxes

Imbriqué jusqu'à se perdre,

Difficiles sont les retrouvailles

Mêler jusqu'aux os,

Prêt à perdre son identité

L'être se ressaisit d'un bond,

Et pose l'acte nécessaire.

Paradoxes existent toujours,

Et l'on tombe à chaque fois

Dans leurs filets pieds et mains liés.

De l'apprenant

A-t-on fini d'apprendre ?

Toute cette immensité nous environnant,

A-t-on fini de percer tout son mystère ?

Non, énorme est cette somme,

Grande est la richesse qui nous reste à découvrir.

Un verre déjà plein

Ne pourra plus rien contenir.

L'apprenant est celui qui est prêt

Pour découvrir encore de nouvelles choses.

Triple dose

Vivre dans ce monde exige,

Une dose de courage.

Garder toujours espoir

Nécessite une double dose

De courage et d'amour pour la vie.

Le tout est relié par un troisième élément,

La triple dose d'amour de soi et de l'esprit de défi.

Avec ce que j'ai

Je le ferai plus tard,

Je le ferai plus tard,

Et il sera trop tard.

Le bon jour ne vient jamais,

Il est ce présent qui t'est offert.

Le bon travail n'est jamais au rendez-vous,

Il est celui que tu as actuellement peut-être.

L'homme idéal n'existe pas,

Il s'améliore jour après jour.

Que puis-je faire actuellement,

Avec ce que j'ai dans le creux de la main ?

Telle est la plus importante des questions.

Tu es franc

La franchise a un coût,

Difficile donc de la pratiquer.

Être franc, est une vertu,

Qui demande courage et impartialité.

S'engager sur sa voie,

C'est accepter d'assumer

Toutes les conséquences qui en découlent.

Tu es franc, certes,

Mais es-tu prêt à en payer les frais ?

Non loin du but

J'ai mis toute mon ardeur,
J'ai mis la totalité de mon énergie
Dans l'action que je mène.
Il ne me reste plus que quelques pas
Je suis proche du but
Surtout, ne rien négliger.
La chute sera trop brutale,
Non loin du but, dis-je,
Et je ne suis pas prêt à abandonner.

Destin choisi

Que penses-tu vraiment ?

Es-tu à ce point convaincu

Que ce qu'on nomme destin

A tout ficelé ?

Que ton sort est à jamais tracé

Te rendant totalement impuissant ?

Que penses-tu vraiment de ton destin ?

Moi, en tout cas,

Je le choisis.

Et une fois le choix fait,

J'en assume l'entière responsabilité.

S'il ne me convient point,

Les ressources nécessaires sont en moi,

Et je m'engage à le transformer.

Telle est ma vision de la vie

Je la partage gratuitement

Avec toi si tu le désires.

Avec moi

Avec moi, règne la paix,
Avec moi, réside l'amour,
En moi, regorgent joie et confiance,
Avec moi, j'apporte partout où je veux
Les trésors infinis
Qui sommeillent depuis longtemps.

Ma conviction

Elle est simple mais profonde,

La conviction qui m'anime,

Elle est comme de l'acier,

Difficile de la briser.

En la vie, je crois,

En l'amour, j'ai foi,

En l'amitié, je crois.

Et je paris que tous ces éléments,

Sont les meilleurs ingrédients

Pour une vie réussie et heureuse.

Non abattu

Que fais-tu ami ?

Quel est ton secret pour être non abattu ?

En t'observant de près,

Tout comme de loin,

Je remarque que,

Quelques soient les revers de la médaille,

Impassible tu restes,

Imperturbable est ton mental.

Que fais-tu ami ?

Quel est ton secret pour être non abattu ?

Mon secret, c'est être,

Mon secret, c'est l'amour,

Ma force, c'est la joie,

Mon roc, c'est la confiance que j'ai en la vie.

Essaie et tu verras,

Ce n'est pas sorcier.

Echec sur ma route

Jamais je n'oublierai

Que sur le chemin qui mène à la victoire,

Se niche de nombreux échecs.

Comment réaliser ses rêves sans jamais échouer ?

Quand j'en appelle à tous les grands esprits

De ce monde des humains,

La réponse est unanime,

L'échec est un processus nécessaire pour entamer

La marche vers sa propre transformation.

L'échec est ce grand maître,

Qui enseigne plus par l'expérience que par la parole.

Essaie donc d'apprendre de tes échecs,

Ta victoire est plus que garantie.

Douche froide

Je pensais avoir fini avec ceci,

Je croyais cette fois-ci,

Que la transformation a eu lieu

Hélas, je suis un novice,

De ce qu'on appelle vie.

Multiples sont ses couches

A chacune correspond une leçon de vie.

Être prêt à recevoir la douche froide de la vie,

C'est accepter que l'on ne cesse d'apprendre.

Le lion rugit

Assaillit par de multiples maux
Trempé jusqu'aux os,
Je lève la tête vers l'horizon,
Tel le lion, roi de la forêt,
Je rugis et fait trembler tout l'univers.
L'heure est enfin arrivée,
De faire résonner la voix,
De celui qui jadis,
N'osais pas élever sa voix
Par respect ou timidité.
Finie cette époque-là,
Aujourd'hui est un autre jour.

Route sinueuse

Sinueuse est la route,

Qui mène à l'accomplissement de soi,

Tortueuse est le chemin de transformation profonde,

Ce n'est qu'un aspect

Si on décide d'avancer.

Rien ne peut empêcher

La progression d'un Boeing

Déjà élancé dans les airs.

A bon port, il arrive,

Achevant dans la parfaite simplicité son trajet.

Mon entourage

Par moment

Nous échouons dans un environnement

Où l'on ne vit pas,

Que fait-on donc ?

On survit.

Par moment,

Le lieu où nous nous trouvons

En ce moment même,

Peut négativement nous influencer.

Nous avons besoin de beaucoup de force et de volonté,

Pour opérer un changement

Par moment, c'est seulement par un nouveau choix,

Celui de changer de lieu de vie,

Que toute une vie se voit propulser vers sa propre destinée

Ne pas le faire, c'est se condamner à
la souffrance.

Je l'ai choisi

Cette vie que je mène,

Qu'elle me plaise ou non,

Je l'ai choisie,

Si je veux la changer,

Je le peux,

Tout dépend de moi,

Si je veux, je peux passer le reste de ma vie,

A subir mon existence,

Si je le souhaite,

Tout est entre mes mains,

Et c'est bon de le savoir.

Qui suis-je ?

Je passe mon temps à me demander qui suis-je ?

Mais aucune réponse, aucune,

Ne pointe son nez.

Je passe mon temps,

A me demander que faire ?

Jusqu'à me rendre compte qu'il se fait tard.

Qui suis-je vraiment ?

Suis-je celui qui se pose ces questions ?

Suis-je celui qui les vit ?

Suis-je les deux à la fois ?

Quelle est la bonne réponse ?

Tout recommence

La terre a brûlé,

Et a fait disparaître tout ce que nous avons peiné à faire pousser

La terre a brûlé,

Et toute notre récolte se voit engloutie.

Que faire dans ce cas ?

Tenir la tête et être effondré ?

Pleurer à longueur de journée ?

Peine perdue

Tout recommence à nouveau,

C'est à partir de maintenant

Que se construit un avenir

Plus puissant et épanouissant,

Tout recommence aujourd'hui.

A l'écoute de mon cœur

Tumultes et bruits,

Nous éloignent malgré nous,

De ce qui nous fait être

A force de n'être plus présent à soi,

Nous finissons par nous éloigner de notre identité

Moi, du moins,

Je décide d'être à l'écoute de mon cœur

C'est en cela que je crois,

Que réside la graine du bonheur.

Pas comme avant

Avant, j''étais un gosse,

Maintenant, j'ai grandi,

Mais toi, toujours gosse tu me vois.

Avant, j'étais sans sous,

Maintenant, je suis dans l'abondance,

Mais toi, toujours pauvre tu me vois.

Avant, j'étais illettré,

Maintenant, diplômé d'Etat je suis,

Mais toi, toujours analphabète tu me vois.

Avant, con j'étais,

Maintenant, intelligent et sage je suis,

Mais toi, toujours con tu me vois.

Sache que, tout part de moi,

Pas comme avant, je ferai les choses,

Un homme pas comme avant je suis devenu,

Comblé et heureux,

Je décide d'être,

N'en déplaise même à Jupiter.

Hier est derrière moi

Hier, qu'est-ce-que c'est ?

Hier, c'est le passé.

Désormais faisant partie de l'histoire.

Hier, point ne revient,

Hier, est derrière moi.

Je veux désormais me concentrer sur mon présent,

Car sur lui, j'ai un pouvoir au moins.

Si mon présent est une réussite,

Mon futur le sera également,

Du présent, je peux préparer mon futur,

Y a qu'à.

Comme si

Tout semblait désert,

Devant moi, règnent chaos et désolation,

Au lieu de sombrer dans les lamentations,

J'opte pour l'action résolue.

Comme si tout recommence à nouveau,

Je prends mon courage à deux mains,

Et j'avance pas à pas,

Comme si c'était ma dernière chance,

Je fais tout ce qui est en mon pouvoir,

Pour le reste, je ne m'en préoccupe point.

Ouvrir

Les passages sont bouchés,
Les chemins sont obstrués
Difficile est la traversée
Malgré cela, j'insiste et tente,
Obstinément de frayer le chemin,
Echec sur échec, je rencontre
Mais jamais j'abdique,
Une voie finit par s'ouvrir,
Grâce à la force de ma persévérance,
Ouvrir le chemin pour moi
Pour qu'il soit pratique pour d'autre
Tel est le souhait qu'on peut avoir.

Ma boussole

Chaque être humain a besoin de boussole

Quelque chose lui permettant de s'orienter

Afin de moins se perdre dans ce monde incertain.

Ma boussole réside au fond de mon être,

Elle est présente depuis la nuit des temps,

Même si souvent, je l'ignore et m'égare,

Jamais elle ne me quitte,

Elle est mon alliée des premières heures

Elle est et toujours sera,

Cette précieuse canne sur laquelle je m'appuie,

Avec elle, je ne tomberai.

Héritier

Il est à préserver,

Cet héritage en voie de perdition,

Il est à sauvegarder

Ce que les anciens ont jadis protégé,

Héritier de tout âge,

Viens à la rescousse de ce qui était notre socle,

Héritier d'hier et d'aujourd'hui,

Viens à la rescousse

De ce trésor qui se perd,

Sans toi, nous courrons une grande catastrophe.

Non avenue

La chose qui toujours m'a fait souffrir,

Dans le cercle fermé de ma vie,

Est aujourd'hui non avenue.

Celui qui, à chaque rencontre,

Me vide de mon énergie,

Est désormais le non avenu,

Dans le cercle de mon entourage.

Non avenu est le sang sue

Qui ne sait rien faire d'autre

Que de voler la force vitale

De quiconque le laisse s'approcher de lui.

Loin de moi, toute âme,

Vectrice de haine et de mauvaise onde.

J'ai voulu

J'ai voulu une vie nouvelle,

Elle s'est présentée à moi sans délai,

Puis-je l'accueillir dignement

Et la rendre toujours plus belle.

J'ai voulu une vie rayonnante,

Et pétillante de mille éclats,

La voilà désormais offerte à moi,

Que du bonheur.

Pilier

Pour voyager loin,

Il faut ménager sa monture,

Construire une villa,

Nécessite de solides fondations,

Réfléchir à ce qui est essentiel,

C'est revenir à la chose la plus importante,

C'est viser avec précision la destination.

Mon pilier est en marbre,

Indestructible est sa base,

En paix, je me repose.

Mes trésors

Enfouis sont mes trésors,
Difficiles les perçoit-on.
Au fond de moi regorgent
De multiples trésors.
Dans ma vie, ils abondent.
Et n'attendent qu'à surgir,
Pour laisser exprimer,
Les innombrables facettes
Dont ils sont revêtus.

Multiples preuves

Quand on est attentif à la vie,

Nous détectons des signes,

Qui ne sont là que pour nous alerter

Soit sur quelque chose qui va advenir

Ou sur une chose déjà arrivée.

Quand on est en alerte,

La vie nous donne des preuves palpables,

Afin de savoir que nous nous égarons de but,

Ou que nous sommes tout près.

Nouveau souffle

Confronté à la réalité de ma vie,

J'ai le choix entre battre en retraite,

Ou affronter l'obstacle en face.

Nouveau souffle,

Quand je décide résolument,

De connaître et de remporter la victoire.

Nouveau souffle,

Quand l'horizon est ombrageux,

Mais que je refuse d'abdiquer,

Mais de gagner coûte que coûte.

Nouveau souffle dans l'action,

Nouveau souffle, dans la joie d'avancer.

Je l'ignorais

J'ignorais que l'existence,
Reposait sur des lois et des principes,
J'ignorais que la non-connaissance,
De ces principes rendaient,
Toute vie intenable,
Et que pour mener une vie,
Pleine et réussie,
Je me dois de connaître ces lois,
Et m'efforce de bien les appliquer,
L'ignorance peut m'être fatale,
A moi de faire ce qui doit être fait.

Qui croit croît

Non-sens,

Si en croyant,

Je reste statique,

Croire est synonyme de croissance,

Croyance rime avec l'acte de croître

Développement vient et parachève la foi.

Qui croit croît,

Telle est la règle du jeu de la vie.

Table des matières

Vivre à deux 7

Stabilité 9

Qui que tu sois 10

Le pouvoir de dire non 12

Tel que je suis 14

Je peux tout faire 16

Mes propres limites 17

Vise haut 19

Je progresse et j'avance 20

Je t'ai démasqué 22

N'ai pas peur ! 23

Ma passion 25

Le veux-tu vraiment 26

Je choisis mes amis 28

Que cherches-tu ? 30

Destination 31

Tout vient de l'intérieur 32

J'ouvre mon cœur 33

La paix de l'âme 34

Qui est ton ennemi ?........................... 35

La solution est là................................ 37

Les encombrants 39

Mes pensées constantes................... 41

Ligne de conduite 43

Avant l'heure....................................... 44

De l'excellence 45

Pré-carré 47

Fuir la médiocrité 48

Comme une comète........................... 49

Le prix à payer 50

Vision sublime 51

Nouvelles perspectives...................... 53

Faire surgir... 55

Dur comme fer 57

Elle est toute proche 58

A tout prix... 59

Quel est ton plan ? 60

Un trésor y est caché 61

Entrelacement 62

Constante progression 63

Paradoxes 64

De l'apprenant 65

Triple dose 66

Avec ce que j'ai 67

Tu es franc 68

Non loin du but 69

Destin choisi 70

Avec moi 72

Ma conviction 73

Non abattu 74

Echec sur ma route 76

Douche froide 77

Le lion rugit 78

Route sinueuse 79

Mon entourage 80

Je l'ai choisi 82

Qui suis-je ? 83

Tout recommence 84

A l'écoute de mon cœur 85

Pas comme avant 86

Hier est derrière moi 88

Comme si 89

Ouvrir 90

Ma boussole 91

Héritier 92

Non avenue 93

J'ai voulu 94

Pilier 95

Mes trésors 96

Multiples preuves 97

Nouveau souffle 98

Je l'ignorais 99

Qui croit croît 100